ANALYSE

DE

LA BELLE

AU BOIS DORMANT,

Ballet-pantomime-féerie en trois actes,

PAR MM. SCRIBE ET AUMER,

MUSIQUE COMPOSÉE ET ARRANGÉE PAR HÉROLD,

MIS EN SCÈNE PAR M. ANIEL,

MAÎTRE DE BALLETS,

DÉCORS DE M. PHILASTRE,

MACHINES DE M. DAUZATS.

Représenté pour la première fois sur le Grand-Théâtre de Bordeaux,
Le Mardi 17 Septembre 1833.

A BORDEAUX,
TYPOGRAPHIE DE N. DUVIELLA, N.º 11, FOSSÉS DE L'INTENDANCE.

LA BELLE
AU BOIS DORMANT.

PREMIER ACTE.

Personnages.	Artistes.
LE DUC DE MONTFORT,	M.rs Dutacq.
GANNELOR, prince des îles noires,	Guillemin.
Le Sénéchal,	Dauty.
Le Maître d'hôtel,	Mainville.
Un Médecin,	Adolphe.
Son Assistant,	Chevalier.
Un Astrologue,	N.....
Un Pharmacien,	Camille.
ISEULT, fille du Duc,	M.mes Louisa.
La Fée NABOTE,	Fournera.
ARTHUR, premier page de la princesse,	Rivière.
TIPHAINE, 1re demoiselle d'honneur,	Bettoy.

Suite du duc et du prince, villageois et villageoises, hérauts d'armes, soldats, valets; suite de la princesse, pages; suite de Nabote, maures.

DIVERTISSEMENT.

Pas de trois, par M. Rousset M.mes Rivière et Zélie.
Pas de deux, par M. Guillemin et M.lle Louisa.
Final général.

LA BELLE AU BOIS DORMANT,

BALLET-PANTOMIME-FÉERIE.

ACTE PREMIER.

Le théâtre représente une salle gothique.

Au lever du rideau, le Sénéchal ordonne les préparatifs du banquet des fiançailles de la belle Iseult, avec le prince Gannelor. Arthur en témoigne sa douleur. Les convives se placent à table; mais ils la quittent bientôt pour recevoir la fée Nabote, marraine d'Iseult, et que le duc a oublié d'inviter à ce repas. La fée Nabote s'indigne et fait éclater sa colère en voyant que son couvert n'est pas mis : on lui adresse des excuses, on se serre, rien ne peut l'appaiser; elle donne un coup de baguette, tous les mets sont transformés en reptiles. Frayeur de toute la cour. Joie de Nabote, qui remarque avec plaisir qu'Iseult se presse contre Arthur; enfin elle est satisfaite, elle pardonne; la table s'enfonce et le divertissement commence.

Au moment où le bal est le plus animé, la fée Nabote, scandalisée de ce que personne n'est venu l'inviter à danser, étend sa baguette, et tous les danseurs qui formaient différens groupes restent sans mouvement, et font de vains efforts pour sortir de la place qu'ils occupent. Elle éclate de rire, mais fatiguée de danser seule, elle rend la liberté à deux danseurs, et, enfin, sur un nouveau geste le charme cesse et tous les danseurs forment le final du divertissement. Le duc reconduit la fée : Arthur reste avec Tiphaine, qu'il conjure d'obtenir de la princesse de se rendre dans cette salle. Tiphaine, malgré la crainte que lui inspire le duc, promet d'essayer. La fée, qui s'est cachée pour entendre cette conversation, ne peut en ce moment retenir un éternûment, qui fait sauver Tiphaine et le page chacun de son côté.

Ce que vient d'entendre Nabote lui promet de nouvelles méchancetés; elle en exprime sa joie et s'empresse de faire part de la découverte qu'elle vient de faire de l'amour mutuel du page et d'Iseult, au duc et à Gannelor, ceux-ci doutent encore; elle les force à se retirer à l'écart, d'où, malgré la nuit complète, ils sont témoins des transports des deux amans. Gannelor s'élance vers eux, et Nabote disparaît en riant.

Toute la cour arrive aux cris de Gannelor et du duc. Le page est saisi, on lui attache les mains, et sur l'ordre de Gannelor, malgré les supplications d'Iseult et de toutes ses femmes, un soldat maure va lui trancher la tête d'un coup de hache, lorsque Iseult arrête le bras suspendu, et consent à épouser Gannelor à l'instant même, si on rend au page la vie et la liberté; aussitôt on délivre Arthur, qui éclate en reproches contre sa libératrice. Par l'ordre du duc et de Gannelor, il doit quitter le château.

Pendant la cérémonie du mariage, Arthur s'introduit furtivement dans un coffre contenant les présens offerts à Iseult par Gannalor, que Tiphaine fait transporter dans la chambre de la princesse. Des jeunes filles viennent féliciter la princesse. Une petite enfant lui présente un bouquet, et reçoit en échange une chaîne d'or, à laquelle tient son portrait. Après que la fée a passé au doigt d'Iseult la bague de Gannelor, la princesse, qui a tenu son serment en s'unissant au prince, se jette sur son poignard, et se blesse mortellement. On l'emporte. Le duc et Gannelor supplient Nabote de l'empêcher de mourir; elle y consent enfin; mais des nuages qui descendent en ce moment portent cet arrêt irrévocable du destin : *Elle dormira pendant cent ans.* Désespoir de toute la cour. Les nuages se dissipent et laissent voir Iseult entourée de toute sa cour. Le lit sur lequel elle repose porte cette inscription : *Celui qui la réveillera l'épousera, si d'une autre il n'est l'époux.* Tableau.

DEUXIÈME ACTE.
CENT ANS APRÈS.

Personnages.   *Artistes.*

GOMBAULT, fils de la mère Bobi,   Mrs Brives.
GERARD,   Page.
La Fée NABOTE,   Mmes Fournera.
La Mère BOBI,   Laurent.
MARGUERITE, fille de Gombault,   Zélie.
NAIADE,   Clara.

Esprits malfaisans, Monstres, Naïades.

ACTE DEUXIÈME.

Le théâtre représente une cabane.

Au lever du rideau, la mère Bobi raconte qu'il y a cent ans, elle assistait au mariage d'une princesse qui lui a donné cette chaîne d'or et ce portrait ; que cette princesse, forcée à ce mariage, s'est poignardée, et a été endormie, ainsi que toute sa cour, par une fée. La mère Bobi montre le château fort de la Belle au bois dormant. Gombault, son fils, veut y aller pour s'emparer des trésors qu'il renferme, et rendre au bonheur toute sa famille. Marguerite, sa fille, le conjure de renoncer à ce projet, et sa mère lui parle des lutins et des monstres qui défendent l'entrée du château.

Gérard survient, avec timidité et embarras ; il demande à Gombault la main de sa fille ; mais il n'est ni prince, ni grand seigneur, il n'a ni argent, ni or ; il le refuse. Gérard insiste. Eh bien ! tu l'obtiendras si tu parviens à entrer dans le château, et à t'emparer des richesses qui y sont entassées. Gérard hésite ; mais il n'a que ce moyen pour posséder celle qu'il aime: il se livre à tout son désespoir; il s'excite en tremblant et invoque son bon ange, lorsque la fée Nabote lui frappe sur l'épaule et l'encourage dans cette entreprise, en souriant à une idée maligne. Pour l'aider à vaincre tous les obstacles, elle lui remet un cor enchanté.

Gérard remercie la fée, et dit adieu à Gombault et à Marguerite; il va au château; il est décidé. Avec la permission du père, il embrasse sa bien-aimée, en reçoit une écharpe en lui recommandant d'être fidèle; la fée le tire et le fait conduire à la forêt enchantée par ses deux petits négres.

Le théâtre change et représente une forêt que couvrent d'épaisses ténèbres. Le tonnerre gronde, et les éclairs sillonnent les nuages.

Gérard arrive en tremblant, il se heurte contre un arbre, il va donner du cor; mais il s'aperçoit de sa méprise. Il boit pour se donner du cœur.... En ce moment surgissent de toutes parts des monstres qui vomissent des flammes, des lutins armés d'épées flamboyantes, un énorme singe lui saisit la main, et l'empêche de prendre son cor. Effrayé, il se lève; des esprits malfaisans, des monstres, des géans, des vampires le poursuivent en le menaçant de leurs massues, de leurs poignards et de leurs serpens enflammés; enfin, il parvient à reprendre son cor, il en donne plusieurs sons, qui font disparaître les génies malfaisans.

Le théâtre change encore et représente un paysage charmant au bord d'une rivière.

Gérard regarde autour de lui, et est stupéfait du changement qui s'est opéré. Un lac le sépare encore du château; une barque est amarrée au rivage : il va pour y monter, des nymphes s'élèvent du fleuve et s'opposent à son passage; l'une d'elles attire son attention par ses poses voluptueuses; séduit, égaré, il va céder...... mais ses yeux tombent sur l'écharpe de Marguerite, il saisit de nouveau son cor, toutes les nymphes s'enfuyent : il monte dans la barque, et rame au milieu du lac; les points de vue les plus variés se déploient à ses yeux; enfin on aperçoit le château illuminé.

Joie de Gérard. — Il donne du cor. — La barque s'arrête.

TROISIÈME ACTE.

Personnages endormis.   *Artistes.*

ISEULT,   Mmes Louisa.
ARTHUR,   Rivière.
TIPHAINE,   Betton.
Le Médecin,   Mrs Adolphe.
Son Assistant,   Chevalier.
Un Astrologue,   N......
Le Sénéchal,   Dauty.
Un Pharmacien,   Camille.

Femmes de la Princesse, Pages, Soldats, Valets.

APRÈS LE RÉVEIL.

Personnages.   *Artistes.*

GOMBAULT,   Mrs Brives.
GERARD,   Page.
La Fée NABOTE,   Mmes Fournera.
La Mère BOBI,   Laurent.
MARGUERITE,   Zélie.

DES AMOURS.

Suites de la Princesse et de la Fée, Villageois, Villageoises.

ACTE TROISIÈME.

Le théâtre représente la chambre à coucher de la princesse, au moment où elle s'est endormie, il y a cent ans.

Tous les personnages sont dans les mêmes positions qu'ils occupaient au moment de l'enchantement.

Gérard entre, et exprime sa terreur et son étonnement en contemplant ce palais et ses habitans silencieux ; il regarde les différens personnages sous le nez; il marche sur la pointe du pied, tant il semble craindre de les réveiller. Il a triomphé de tous les obstacles, mais l'immobilité de tout ce monde le désespère. Ne sachant à quel moyen avoir recours pour les réveiller, il sonne du cor : à ce bruit chacun renaît.

Surprise, étonnement; il ne reste qu'un souvenir confus de ce qui s'est passé. Gérard, qui s'est caché, est aperçu, on l'interroge; il apprend à la princesse qu'elle dormait depuis cent ans, et que le prince Gannelor est mort ; elle cherche Arthur, ne le voit pas, et s'en afflige.

Tous les habitans des environs accourent à la nouvelle du désenchantement; Gombault, Marguerite et Bobi viennent complimenter leur souveraine. Gérard et Marguerite se retrouvent; la princesse voit leur amour et veut les unir; mais la fée Nabote, qui survient, s'oppose à ce mariage, et augmente l'étonnement général en montrant l'inscription : *Celui qui la réveillera l'épousera, si d'une autre il n'est l'époux.*

La fée, en se frottant les mains, rejette toutes les supplications, et dit à Gérard, s'il s'obstine à refuser, qu'elle le changera en singe vert ou en crapaud; Marguerite aime mieux qu'il soit à une autre que de le voir aussi laid; Gérard consent à regret; Nabote fait tout disposer pour le mariage.

Iseult, restée seule, se livre à son désespoir; elle rêve à Arthur, qu'elle ne doit plus revoir, lorsque le couvercle du coffre se soulève, et Artur paraît. Ils sont dans les bras l'un de l'autre, et se témoignent leur ravissement de se retrouver toujours les mêmes. Ils renouvellent le serment de vivre et mourir ensemble.

Gérard, habillé en prince chinois, est conduit par la fée, qui le force à faire sa cour; il hésite, et prétexte de sa présence, et ne pas oser devant elle; Nabote se retire, laissant ensemble Iseult et Arthur, Gérard et Marguerite : ils se rapprochent, et conviennent tous quatre de se soutenir et d'user de courage et d'adresse pour qu'Arthur et Gérard épousent chacun celle qu'il aime.

On vient en foule pour la cérémonie du mariage; on place sur la tête d'Iscul une coiffure où est attaché un grand voile. Pendant que la fée et Gérard sont à la recherche d'un anneau, qui manque à celui-ci pour consommer le mariage, Arthur, frappé d'une idée soudaine, fait passer Marguerite à la place de la princesse, la couvre du voile, et lui met sur la tête la coiffure de la mariée. Nabote ni Gérard n'ont rien vu; la princesse s'est cachée derrière ses femmes. Ils reviennent se placer près des coussins; cependant Gérard hésite encore; Arthur vient près de lui et le presse d'en finir. Cette instance le décide, il donne sa main; la fée, après avoir invoqué toutes les intelligences célestes, déclare qu'ils sont à jamais unis. Marguerite entr'ouvre son voile, étonnement de Gérard qui se trouve marié à celle qu'il aime; fureur de Nabote, qui se voit trompée et qui veut rompre ce mariage. Mais l'inscription du destin lui est représentée; la fée est un instant confondue, elle veut punir la trahison.....

Le tonnerre gronde, le théâtre change : l'amour paraît; il brise la baguette de la fée, confirme l'union des quatre amans et les prend sous sa protection. Tableau final.

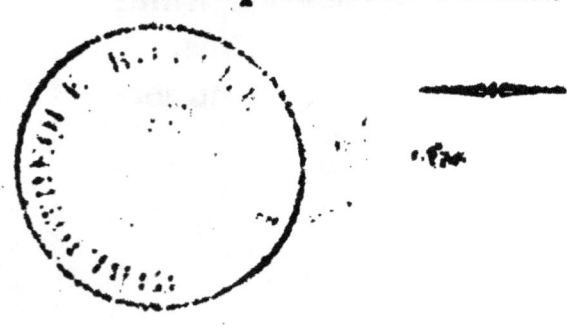

www.ingramcontent.com/pod-product-compliance
Lightning Source LLC
Chambersburg PA
CBHW071420060426
42450CB00009BA/1957